THOMAS
MERTON

PAZ PERSONAL
PAZ SOCIAL

Selección y presentación:
Miguel Grinberg

errepar

© Errepar S.A.
© The Thomas Merton Legacy Trust

Ilustración de Tapa: Jim Cantrell
Tapa: Javier Saboredo
Corrección: Delia Arrizabalaga

Agradecimientos fotográficos:
James H. Forest,
Robert Lax,
Edward Rice,
The Abbey of Gethsemani,
The Thomas Merton Legacy Trust,
The Thomas Merton Studies Center,
Dibujos originales de Thomas Merton.
Derechos reservados.

ERREPAR S.A.
Avenida San Juan 960 - (1147) Buenos Aires
República Argentina
Tel.: 4300-0549 - 4300-5142
Fax: (5411) 4307-9541 - (5411) 4300-0951
Internet: www.errepar.com
E-mail: libros@errepar.com

ISBN 950-739-719-1

Queda hecho el depósito que marca la ley 11723
Impreso y hecho en Argentina
Printed in Argentina

Esta edición se terminó de imprimir
en los talleres de Errepar,
en Buenos Aires, República Argentina,
en el mes de julio de 1999.

EL LEGADO DE

THOMAS MERTON

El legado espiritual, social y —específicamente— generacional del monje trapense Thomas Merton (1915-1968) se encuentra registrado en más de sesenta volúmenes de ensayos testimoniales, prosas literarias, poemas y reflexiones metafísicas. Ello incluye cinco colecciones de su correspondencia con personas de todo el mundo y una autobiografía legendaria: La Montaña de los Siete Círculos (The Seven Storey Mountain). *Paulatinamente, se van publicando siete tomos de sus diarios personales, mientras sin cesar escritores católicos y no católicos de muchas latitudes publican nuevas biografías, análisis académicos, debates religiosos y evaluaciones ecuménicas. Y se lo traduce permanentemente en innumerables latitudes.*

En cierto modo, podría decirse que Merton se encuentra más "vivo y activo" en este final de siglo que antes de su fallecimiento prematuro (y accidental) en Tailandia, donde asistía a un cónclave de religiosos pertenecientes a monasterios y conventos católicos del Asia. Había ingresado como aspirante a la comunidad monástica de la Abadía Nuestra Señora de Gethsemani (Kentucky, EE. UU.) el 10 de diciembre de 1941. Se trata de una orden trapense "de clausura", donde los monjes —ya sean novicios o sacerdotes ordenados— asumen un voto de silencio: sus voces se oyen solamente durante el canto gregoriano de las celebraciones rituales.

Se consagró como pocos a la introspección (meditativa, contemplativa) pero al mismo tiempo su voz militante fue expandiéndose por el planeta durante los años más duros de la Guerra Fría, anticipando compromisos éticos que —lenta pero irreversiblemente— permearon el Concilio Vaticano II. Su obra gira sobre dos temas inequívocos: la neutralización de los impulsos homicidas del hombre y su impostergable Redención.

Hasta el momento de esa opción vocacional (coincidente con la muerte de su hermano durante una misión como aviador militar en la Segunda Guerra Mundial), Merton había estudiado en la Universidad de Columbia y si bien su juventud estuvo caracterizada por la típica bohemia estudiantil de la época, ya en 1938 había atravesado fuertes vivencias místicas que incidieron en su conversión posterior. Al graduarse, fue autor de una depurada tesis literaria ("Naturaleza y Arte en William Blake"), en 1940 fue brevemente profesor de letras en la Universidad Buenaventura de Olean (Nueva York) y, finalmente, atravesó los portales de la Abadía, que entonces ostentaba un inmenso frontispicio en latín: Pax Intrantibus *(Paz a Quien Entre)*. Cuando Roma decidió que la liturgia se practicara en los idiomas respectivos de cada país, no hubo consenso entre los monjes de Gethsemani para elegir una traducción aceptable al inglés, y no hubo más un visible mensaje de bienvenida.

Thomas Merton está enterrado en el pequeño cementerio trapense que existe a un costado de la iglesia, donde la lápida registra también su nombre monacal: Father Louis. A través de las décadas, el vigor de su pensamiento indómito no cesa de inspirar a quienes, como él a lo largo de 53 años, buscan el sentido de la vida y lo trazan en los términos de sus nexos con Dios y la misión cristiana.

Su existencia estuvo signada por paradojas: nació en Prades (Francia) como hijo de expatriados estadounidenses, desarrolló su monasticismo en Norteamérica, y falleció inesperadamente en el Lejano Oriente que tanto había estudiado a través del budismo zen y la filosofía taoísta. Presuntamente, debía vivir retirado del mundanal ruido y aplicado a la existencia contemplativa. Pero al mismo tiempo acompañó las grandes convulsiones sociopolíticas de su época: el movimiento no violento por los derechos civiles de los negros norteamericanos, la carrera atómica entre capitalistas y comunistas, la escalada de la guerra en Vietnam.

En 1965, mientras hacía su noviciado en Colombia el poeta nicaragüense Ernesto Cardenal (el mayor discípulo reconocido de Merton), escribía: "Pocas personas han dicho cosas tan importantes como las que ha dicho él con respecto a los problemas mundiales de nuestra era nuclear. Ha sido mundialmente conocido como un escritor de temas de espiritualidad y vida mística. Parecerá raro a muchos que ahora esté hablando de la Bomba H, de la potencia militar de Estados Unidos y Rusia, de la discriminación racial... Ha dicho que una guerra nuclear sería el pecado más grande de la humanidad después de la Crucifixión... En estas circunstancias —dice él— 'es muy fácil retirarse a la torre de marfil de la espiritualidad privada y dejar que el mundo salte en pedazos'... Y ahora más que nunca hace falta la contemplación, dice Merton, porque la salvación de la sociedad depende de la condición moral del individuo, no de sistemas. El contemplativo debe mantenerse independiente de los slogans, los prejuicios y las directrices mentales totalitarias".

En esos días, además de recurrentes censuras de sus superiores en lo referido a la publicación de libros, artículos y mensajes llenos de una apasionada defensa de la libertad y la justicia, Merton padecía una constante incomprensión del Abad de Gethsemani que rechazaba su pedido de dejar de ser Maestro de Novicios y vivir como ermitaño en una cabaña del bosque vecino. Desgarramiento narrado en Diario de un Ermitaño, *1964/65 (Un Voto de Conversación):* "No me permiten publicar lo que el Papa Juan XXIII dice todo el tiempo". *Súbitamente, se precipitó el permiso eclesiástico, y el presunto ermitaño pasó a ser el clérigo más visitado por celebridades de muchas comarcas (a través de una tranquera situada en los límites posteriores de la Abadía).*

Antes de ese "visto bueno", Merton escribió a mi pedido el hoy célebre Mensaje a los Poetas, *para ser leído durante el Primer Encuentro de la Nueva Solidaridad (México, febrero de 1964). Si hubiera pedido permiso para concurrir, se hubiera malogrado su peregrinaje ulterior al Asia. Le sugerí que no fir-*

mara sus cartas a los poetas izquierdistas de Sudamérica como "Padre Luis", dada la conocida tendencia anticlerical de aquellos días. Pasó a firmar "Uncle Louie" (tío Luisito). Y como era habitual en él, le hizo al Abad un pedido desconcertante. Fue así que se me permitió franquear el Pax Intrantibus y compartir con Merton algunos días en la Abadía.

Entre contrastantes sueños, hubiese querido salir de EE. UU. y vivir retirado en Nuestra Señora de Solentiname, comunidad espiritual fundada por Cardenal en el fondo del Lago de Nicaragua, tras su ordenación como sacerdote. (Aquella acabó destruida por la dictadura de Anastasio Somoza.) Merton amaba tanto la obra poética de Rubén Darío, como la del peruano César Vallejo. Amaba también la fotografía: recorría largamente el bosque capturando —en medio de la inmensidad— reflejos, texturas, sombras y destellos de eternidad.

El New York Times *dio la noticia de su muerte reproduciendo las palabras finales de su famosa autobiografía: "Y cuando hayas sido elogiado un poco y amado un poco, yo te quitaré todos tus dones y todo tu amor y todos tus elogios y quedarás totalmente olvidado y abandonado y serás nada, un desecho. Y en aquel día empezarás a poseer la soledad que has ansiado tanto tiempo. Y tu soledad producirá inmenso fruto en las almas de los hombres que no conocerás nunca en esta Tierra".*

En 1963, Merton había accedido a que se estableciera en el Colegio Bellarmine de Louisville (Kentucky), una Sala Merton de lectura, y en 1967 aprobó que se convirtiera en repositorio oficial de sus manuscritos, cartas, diarios íntimos, cintas grabadas, fotografías y objetos personales. Hoy en día, el Centro Merton contiene unas cuarenta mil piezas diversas, incluidas sus obras (es-

tá traducido a 28 idiomas) y las escritas sobre él, además de los libros de su biblioteca. La entidad publica un boletín cuatrimestral, y es sede de la Sociedad Internacional Thomas Merton, fundada en 1987. Está asociada a otras entidades espirituales y culturales del globo, como el Centro Internacional de Estudios Místicos (Avila, España) y el Centro Internacional de Estudios Mohistas (Tengzhou, China), dedicado este último a difundir la sabiduría del filósofo Mo Tzu, el mayor rival espiritual de Confucio.

Entre las luminosas reflexiones de Thomas Merton, leemos: "La fe y la política no pueden seguir estando separadas. Lo que se necesita no es el cristiano que simplemente experimenta una complacencia interior en las palabras y el ejemplo de Cristo, sino el que busca seguir a Cristo perfectamente, no tan sólo en su vida personal, no tan sólo en *la oración y la penitencia, sino también en su participación política y en todas las actividades sociales... Con demasiada frecuencia, en la práctica, solemos creer que la enseñanza cristiana del perdón y la mansedumbre se aplica sólo al individuo, no a las naciones o a las colectividades. El Estado puede ir a la guerra y ejercer cualquier forma de violencia, mientras el individuo expresa su mansedumbre cristiana echándose el fusil al hombro, sin resistencia, y obedeciendo la orden de matar".*

—Miguel Grinberg
(Premio "Louie" de la International Thomas Merton Society)

"Decir que estoy hecho según la imagen de Dios es decir que el amor es la razón de mi existencia, pues Dios es amor."

PAZ PERSONAL
PAZ SOCIAL

Toda la fuerza interna del hombre está hirviendo y estallando, lo bueno junto con lo malo, lo bueno emponzoñado por lo malo y combatiéndolo, lo malo simulando ser bueno y manifestándose con los crímenes más espantosos, justificados y racionalizados mediante las intenciones más puras e inocentes.

Estamos viviendo en la mayor revolución de la historia —un enorme cataclismo espontáneo de la especie humana íntegra. No es la revolución planificada y llevada a cabo por algún partido, raza o nación en particular, sino un profundo y elemental hervor desbordante de todas las contradicciones internas que siempre habitaron al hombre, una revelación de las fuerzas caóticas dentro de cada cual. No es algo que hayamos elegido, ni es algo que podamos eludir.

Voy a decir esto antes de que la lluvia se vuelva un servicio público que ellos puedan planificar y distribuir por dinero. Con "ellos" me refiero a los incapaces de entender que la lluvia es un festival, gente que no aprecia su gratuidad, pensando que lo que no tiene precio carece de valor y que lo que no puede venderse no es real, de tal modo que para que algo sea *verdadero* resulte preciso colocarlo en el mercado. Vendrá un tiempo en el cual te venderán tu propia lluvia. Por el momento es gratis todavía, y estoy en ella. Celebro su gratuidad, y su carencia de significado.

La tormenta de la historia se ha levantado en nuestros propios corazones.

Ha surgido espontáneamente de la vacuidad del hombre tecnológico. Es el genio evocado desde las profundidades de su propia confusión por este complacido aprendiz de hechicero que gasta miles de millones en instrumentos de destrucción y cohetes espaciales, pero no puede proporcionar lo necesario para comer y vestirse decentemente a dos tercios de la humanidad.

Soy extraño a la barahúnda de las ciudades, de las muchedumbres, a la avaricia de una maquinaria que no duerme, al zumbido del poder que devora la noche. Me resulta imposible dormir donde se menosprecia la lluvia, la luz solar y la oscuridad. No confío en nada que haya sido manufacturado para substituir el clima del bosque o las praderas. No puedo confiar en sitios donde el aire es primero descompuesto y luego depurado, donde primero envenenan el agua y después la purifican con otros venenos.

Si un pacifista es quien cree que toda guerra es siempre moralmente mala y siempre ha sido mal, entonces no soy pacifista. Sin embargo, veo la guerra como una tragedia evitable y creo que el problema de resolver el conflicto internacional sin violencia masiva se ha convertido en el problema número uno de nuestro tiempo. Como dijo el presidente Kennedy: "Si no terminamos la guerra, la guerra nos va a terminar a nosotros". El Papa Juan XXIII y el Papa Pablo VI han dicho esto con toda la solemne autoridad de su posición.

La tarea del hombre y de la Iglesia es terminar todas las guerras, suministrar un poder internacional satisfactorio que supervise el mundo y refrene la violencia mientras se resuelvan los conflictos mediante la razón y la negociación. Por lo tanto, toda la especie humana tiene una seria obligación de enfrentar el problema y hacer algo sobre él. Cada uno de nosotros tiene que resistir una tendencia innata hacia la violencia y el pensamiento destructivo.

Pero cada vez que renunciamos a la razón y a la paciencia para resolver un conflicto por la violencia estamos pisoteando esta gran obligación y descuidándola. ¿Cuánto tiempo podremos seguir haciendo esto? Nuestro tiempo está limitado y no estamos sacando provecho de nuestras oportunidades.

El hombre está preparado para convertirse en un dios, y en cambio a veces luce como un autómata. Y así tenemos que reconocer nuestro Kairos y aceptarlo. Tenemos una sola palabra para el "tiempo". Los griegos tenían dos: Chronos y Kairos. Chronos es el tiempo del reloj, el tiempo que se mide. Kairos no es el tiempo cuantitativo del reloj sino el tiempo cualitativo de la ocasión. En nuestras vidas, todos experimentamos la sensación de que llegó el momento adecuado para hacer algo, que estamos maduros, que podemos tomar una decisión determinada.

Vivimos en crisis, y tal vez nos parezca interesante hacerlo. Además, también nos sentimos culpables por ello, como si **no tuviéramos que estar en crisis**. Como si fuéramos tan sabios, tan capaces, tan bondadosos, tan razonables, que la crisis debiera ser en todo momento impensable. Es sin duda este "debiera" y este "tuviera" lo que hace a nuestra era tan interesante que de ningún modo puede ser una época de sabiduría, ni siquiera de razón.

La crisis del actual momento histórico es la crisis de la civilización occidental: más precisamente de la civilización europea, la civilización que fue fundada por la cultura grecorromana del Mediterráneo y vigorizada por la gradual incorporación de los invasores bárbaros dentro de la cultura religiosa judeo-romano-cristiana del decaído Imperio Romano. Yo nací dentro de esa crisis. Mi vida entera ha sido modelada por esa

crisis. ¡En esta crisis se consumirá mi vida —aunque espero, no sin sentido!

Vivimos en un tiempo de malos sueños, en que el científico y el ingeniero
tienen el poder de darle forma externa a
los fantasmas del inconsciente del hombre. Los relumbrantes proyectiles que
cantan en la atmósfera, listos para pul-
verizar las ciudades del mundo, son
sueños de gigantes sin centro. Sus cir-
cunvoluciones matemáticas son hieráti-
cos rituales de chamanes sin credo. No
es prohibido desear que sus sueños hubieran sido menos sórdidos.

Creemos saber lo que estamos haciendo, y nos vemos mover, con la ine-
xorable premeditación de una máquina

descompuesta, haciendo lo opuesto. ¡Un fenómeno tan absorbente que no podemos dejar de observar, medir, discutir, analizar, y quizás deplorar! Pero la cosa continúa. Y como dijo Cristo sobre Jerusalén, no conocemos las cosas que hacen a nuestra paz.

Hoy en día, la especie humana es como un alcohólico que sabe que beber lo destruirá y sin embargo siempre tiene "buenas razones" por las que debe continuar bebiendo. Así es el hombre en su adicción fatal a la guerra. No es verdaderamente capaz de ver una alternativa constructiva a la guerra.

Europa aboga por la libertad, la diversidad, el conocimiento propio, la sofisticación, el personalismo, la creatividad. La mentalidad europea es activa, astuta, crítica, orgullosa, ingeniosa, aventurera. Es al mismo tiempo romántica y cínica, salvaje y disciplinada, tierna e inescrupulosa.

Y a la larga el europeo, con todo su amor por la certidumbre, la investigación libre y la verdad liberal se vuelve un mentiroso de primera mintiéndoles a todos los demás después de haberse mentido primero a sí mismo. Además, tal vez él se encuentra más preparado que ningún otro para reconocer su propia mentira cuando llega el momento de hacerlo. Al menos, está preparado para hacerlo si es inglés, pues lo mejor de Europa sigue vivo en Inglaterra —junto con algo de lo peor.

Esta época manifiesta en nosotros una distorsión básica, una arraigada falta de armonía moral, contra la cual leyes, sermones, filosofías, autoridad, inspiración, creatividad y hasta aparentemente el mismísimo amor parecerían no tener poder alguno. Por el contrario, si en su desesperada esperanza, el hombre se vuelve a todas estas cosas, ellas parecen dejarlo más vacío, más frustrado y más angustiado que antes.

Nuestra enfermedad es la enfermedad del amor desordenado, del amor propio que simultáneamente se da cuenta que es odio propio e instantáneamente se vuelve fuente de destructividad indiscriminada, universal. Es la otra cara de la moneda que era corriente en el siglo XIX: la creencia en el progreso indefinido, en la suprema bondad del

"Al final, lo que salva todo es la realidad de los vínculos personales."

Hombre y de todos sus apetitos.

La tarea de construir un mundo pacífico es la tarea más importante de nuestro tiempo, pero también es la más difícil. De hecho, requerirá mucha más disciplina, más sacrificio, más pensamiento, más cooperación y más heroísmo que lo que la guerra pidió jamás.

Los intelectuales de los siglos XIX y XX quisieron sacudirse, a cualquier precio, la túnica de la cristiandad con un lacerante remordimiento de conciencia. Es por eso que yo busqué refugio en la contrición y en la conciencia, aun cuando esto signifique vivir en la angustia, en la duda y en el cuestionamiento permanente.

Sin duda, Europa aboga por la independencia precisamente porque aboga por el cuestionamiento, por la interrogación libre. Hace tiempo que Europa aprendió a ser libre de la conclusión predeterminada. De ningún modo esto es anticristiano. Pues los primeros europeos que se hicieron cristianos tuvieron que dudar de las viejas religiones cósmicas muertas, de las filosofías de la naturaleza, de los poderes salvadores de los misterios o de la sacrosanta fuerza de la Ley judía antes de poder tener fe en Cristo. Por eso ellos les parecían "ateos" a los romanos.

Frecuentemente, olvidamos que la fe cristiana es un principio de cuestionamiento y lucha antes de convertirse en un principio de certidumbre y paz. Uno debe dudar y rechazar todo el resto para creer firmemente en Cristo, y después que uno empezó a creer, debe probar y purificar la propia fe. El cristianismo no es meramente un conjunto de conclusiones predeterminadas. La mente cristiana es una mente que arriesga purificaciones intolerables y, a veces, por cierto muy a menudo, el riesgo resulta ser demasiado grande. La fe tiende a ser derrotada por la ardiente presencia de Dios en el misterio y busca refugiarse de El, huyendo hacia las cómodas formalidades sociales y las seguras convenciones en las que la purificación ya no es una batalla interior sino una cuestión de gesto externo...

Lo que en Norteamérica se toma por optimismo, aun optimismo cristiano, es la indefectible esperanza de que las actitudes de los siglos XVIII y XIX pueden seguir siendo válidas sólo mediante la decisión de sonreír, aun cuando el mundo entero se esté cayendo a pedazos. Nuestras sonrisas son los síntomas de la enfermedad.

Estamos viviendo bajo una tiranía de la falsedad que se afirma en el poder y establece un control más total sobre los hombres a medida que éstos se autoconvencen de que están resistiendo el error.

Toda protesta contra la guerra y todo testimonio por la paz debe de algún modo luchar por vencer la desesperación y la desesperanza con las que el hombre mira ahora toda su existente maquinaria para lograr la paz como inútil y más allá de toda expresión. Es esta desesperación práctica del logro efectivo de la paz lo que lleva al hombre cada vez más a la conclusión de que la guerra es efectiva y que como la violencia parece dar resultados debemos finalmente recurrir a ella.

El gran pecado del complejo europeo-ruso-norteamericano que llamamos "Occidente" (pecado que se ha extendido a China) no es solamente la codicia y la crueldad, no es solamente la deshonestidad y la infidelidad a la verdad: es sobre todo su *desmedida arrogancia con el resto del género humano*. La civilización occidental se encuentra ahora en pleno declive hacia la barbarie (una barbarie surgida de su propia entraña) porque ha sido doblemente culpable de deslealtad: para con Dios y para con el Hombre. Para el cristiano que cree en la Encarnación, y que ve en ella algo más que una devota creencia sin positivas implicancias humanísticas, no se trata de dos deslealtades, sino sencillamente de una sola.

Nuestra sumisión a las mentiras plausibles y pragmáticas nos enreda en las más grandes y obvias contradicciones, y para ocultárnoslas a nosotros mismos necesitamos más grandes y siempre menos plausibles mentiras. La falsedad básica está constituida por la mentira de que estamos completamente dedicados a la verdad de un modo que es al mismo tiempo honesto y exclusivo: que tenemos el monopolio de la verdad absoluta, así como el adversario ocasional tiene el monopolio absoluto del error.

Luego nos autoconvencemos de que no podremos preservar nuestra pureza de visión ni nuestra sinceridad interior si entramos en diálogos con el enemigo, pues él nos corromperá con su error. Finalmente, creemos que no puede preservarse la verdad a menos que destruyamos al enemigo —porque, como lo hemos identificado con el error, destruirlo es destruir el error.

El adversario, por supuesto, tiene sobre nosotros exactamente los mismos pensamientos y exactamente la misma política básica por la cual defiende la "verdad". El nos ha identificado con la deshonestidad, la insinceridad y la falsedad. Piensa que si nosotros somos destruidos, no quedará en pie otra cosa que la verdad.

Si persiguiéramos realmente la verdad, comenzaríamos lenta y trabajosamente a despojarnos, una por una, de todas nuestras envolturas de ficción y engaño: o al menos deberíamos desear hacerlo. Por el contrario, el que mejor puede señalar nuestro error y ayudarnos a verlo es el adversario que queremos destruir. Y ésta es quizás la razón por la cual queremos destruirlo. Del mismo modo, nosotros podemos ayudarlo a que vea su error, y ésa es la razón por la que busca destruirnos.

A la larga, nadie puede mostrar a otro el error que está dentro de sí a menos que el otro esté convencido de que su crítico ve y ama lo bueno que hay en él. Por lo tanto, mientras deseemos decirle a nuestro adversario que está equivocado, nunca podremos hacerlo efectivamente hasta que nosotros mismos podamos apreciar que está acertado. Y nunca podremos aceptar su juicio sobre nuestros errores hasta que él dé muestra de que realmente aprecia nuestra propia verdad peculiar.

El amor, sólo el amor, el amor de nuestro concreto y errado semejante, en su engaño y en su pecado: sólo esto puede abrir la puerta a la verdad. En la medida que no poseamos este amor, en la medida que este amor no esté activo ni sea efectivo en nuestras vidas (ya que las palabras y las buenas intenciones nunca bastarán) no tendremos real acceso a la verdad. Al menos, no a la verdad moral.

*"La eternidad está en el presente.
La eternidad está en la palma de la mano.
La eternidad es una semilla de fuego,
cuyas súbitas raíces quiebran las barreras
que le impiden a mi corazón ser un abismo."*

¿Para qué sirve el arte? El artista debe defender serenamente su derecho a ser absolutamente inservible. Es mejor no producir obra alguna de arte, que hacer algo que pueda ser cínicamente "usado". Sin embargo, todo puede ser usado, hasta la más truculenta pintura abstracta. Decoran las oficinas de presidentes de corporaciones que son incapaces de entender el arte pero que han captado velozmente el hecho de que pagar diez mil dólares por algo explícitamente "inservible" es una demostración de la propia riqueza y poder. Sin duda, el artista que le vende a este *"salaud"* está autorizado a tomar su dinero pero también arriesga algo de su libertad al hacerlo. Y mañana, la pintura abstracta estará en las paredes de los Comisarios.

Cualquier cosa que la India haya tenido que decirle a Occidente, se vio forzada a mantenerla en silencio. Cualquier cosa que China haya tenido que decir, aunque algunos de los primeros misioneros le prestaron oídos y lo entendieron, fue un mensaje que, en general, se ignoró como no pertinente. ¿Es que hubo quien escuchara las voces de los Mayas y de los Incas, aunque tenían cosas profundas que decir? Viéndolo bien, su testimonio fue simple y llanamente suprimido.

Nadie creyó que los Hijos del Sol pudieran esconder, después de todo, algún secreto espiritual en sus corazones. Por el contrario, se suscitaron discusiones abstractas para determinar, en términos de la filosofía puramente académica, si era posible o no considerar al indio como animal racional. Uno se sobrecoge con sólo el eco de la voz del orgullo cerebral de Occidente —ya desde entonces desencarnado por el racionalismo que hoy constituye nuestro patrimonio—, alzándose para juzgar el viviente misterio espiritual del hombre primitivo y condenarlo a ser excluido de aquella categoría de la que exclusivamente se hacía depender el amor, la amistad, el respeto y la comunión.

Fue ciertamente un bien que la Europa cristiana haya llevado a Cristo a los indios de México y de los Andes, como también a los habitantes de la India y de China. Pero en lo que los europeos fracasaron fue en no poder *encontrar a Cristo*, ya en potencia presente en los indios, en los hindúes y en los chinos.

El primitivo, como el niño, perma-
nece en un contacto sensual directo
con lo que está fuera de él, y su máximo regocijo brota cuando este contacto
se celebra con un goce estético y ritual.
Se vincula con las cosas y las personas
a su alrededor mediante el juego narci-
sista. Nuestro narcisismo ha sido cre-
cientemente invertido, mediante opera-
ciones intelectuales, en dinero, maqui-
narias, artillería, que son extensiones de
nosotros mismos y que veneramos en
nuestros rituales de trabajo, guerra, producción, dominación y fuerza bruta.

Lo extraordinario de la civilización
zapoteca del Valle de Oaxaca es que,
como la civilización urbana clásica de

los mayas y la cultura llamada "olmeca" (telocenómica), se sostuvo durante muchos siglos sin guerras y sin poder militar. Podemos decir que Monte Albán, tanto en su desarrollo preurbano como urbano, representa una cultura pacífica y próspera que se extendió durante dos milenios sin una guerra en gran escala y sin necesidad de fortificaciones o dispositivos de defensa.

Los montes están azules y calientes. Hay un campo marrón y polvoriento al fondo del valle. Oigo una máquina, un pájaro, un reloj. Las nubes están enormes y altas. A través de ellas pasa el inevitable avión jet: esta vez probablemente lleno de pasajeros gordos, de Miami a Chicago; pero luego será el avión SAC *(Strategic Air Command)* con la bomba dentro.

Si insisto en darte mi verdad, y no me paro a recibir la tuya, no puede haber verdad entre nosotros. Cristo se halla presente "donde quiera que dos o tres se juntan en mi nombre". Pero juntarse en el nombre de Cristo es juntarse en el nombre del Verbo hecho carne, de Dios hecho hombre. Es por lo tanto congregarse en la fe de que Dios se ha hecho hombre y puede ser visto en el hombre, de que Dios puede hablar en el hombre y de que puede encender e inspirar el amor en y a través de cualquier hombre que conozcamos. Es verdad que sólo la Iglesia visible tiene la misión oficial de santificar y enseñar a todas las naciones, pero nadie sabe si el desconocido a quien encontramos saliendo de la selva en un nuevo país no es ya un miembro invisible de Cristo y alguien que tal vez tenga un mensaje providencial o profético que transmitir.

He visto el avión SAC con la bomba dentro volar muy bajo por encima de mí y he mirado hacia arriba a través de los árboles directamente al seno cerrado del pájaro metálico con un huevo científico en su pecho matemático. ¡Un útero fácil y mecánicamente abierto! No considero que esta madre tecnológica sea amiga de nada de lo que creo. Sin embargo, como todos los demás, vivo a la sombra del querubín apocalíptico. Impersonalmente estoy vigilado por ello. Su número conoce mi número. ¿Se están preparando estos números para coincidir en un momento dado en la mente benévola de un computador? Esto no me concierne, porque vivo en el bosque como un recuerdo de que soy libre de ser un número.

Aquí hay también un ermitaño sirio llamado Filoxenes. Aquí se oye la prosa resonante de Tertuliano, con los sonidos dorados de John de Salisbury. Aquí está la vegetación profunda de esta floresta antigua en donde los pájaros iracundos de Isaías y Jeremías cantan. Aquí deberían estar, y están, las voces femeninas de Angela de Foligno y Flannery O'Connor, Teresa de Avila, Juliana de Norwich y, más personal y afectiva aún, Raissa Maritain. Es bueno escoger las voces que serán escuchadas en este bosque, pero ellas también se escogen a sí mismas, y se envían a sí mismas para estar presentes aquí en este silencio.

Debido a que soy católico creo, por supuesto, que mi Iglesia me garantiza la

"He aquí el centro de Estados Unidos. Me intrigaba
qué es lo que mantiene cohesionado a este país,
qué impide que el universo se haga pedazos
y caiga disperso. Son lugares como este monasterio..."

más elevada libertad espiritual. No sería católico si no creyera esto. No sería católico si la Iglesia fuese meramente una organización, una institución colectiva con reglas y leyes que demandaren conformidad exterior a sus miembros.

Veo las leyes de la Iglesia y todas las diversas maneras en que ella ejerce su autoridad educativa y su jurisdicción, como subordinadas al Espíritu Santo y a la ley del amor. Sé que mi Iglesia no da la impresión de ser así a aquellos que están fuera de ella; para ellos la Iglesia actúa según un principio de autoridad y no de libertad. Están equivocados. Es en Cristo y en su Espíritu que se encuentra la verdadera libertad, y la Iglesia es su cuerpo, vivo por su Espíritu.

Dios habla y debe ser oído, no sólo en el Sinaí, no sólo en mi corazón, sino también en *la voz del extranjero*. Por eso es que los pueblos de Oriente, y en general los pueblos primitivos, sienten tanta veneración por el misterio de la hospitalidad.

La profanación, la desconsagración, la desacralización del mundo moderno se manifiesta sobre todo en el hecho de que el extranjero no cuenta para nada. Basta que sea "expatriado", "apátrida", para que se le considere del todo inaceptable. No encaja ya en ninguna categoría conocida, ni tiene ya ninguna explicación, por lo cual constituye una amenaza a la seguridad. Todo lo que no sea fácilmente explicable debe ser suprimido, y con ello también el misterio. Toda presencia extraña interfiere con la superficialidad y la ficticia claridad de nuestras propias relaciones.

Los que somos poetas sabemos que el motivo de un poema no es descubierto hasta que ese poema existe. El motivo de un acto viviente sólo adquiere realidad en el acto mismo. Nuestro encuentro de la Nueva Solidaridad (México, 1964) es una explosión espontánea de esperanzas. Por eso es una osada empresa de humildad profética, no sustentada ni financiada por fundación alguna, ni organizada o difundida por algún grupo oficial. Es expresión viva de la creencia de que hay ahora en nuestro mundo gente nueva, nuevos poetas que no están bajo la tutela de sistemas políticos establecidos ni de estructuras culturales —sean comunistas o capitalistas— pero que se atreven a tener esperanza en su visión de la realidad y del futuro. Esta reunión se congrega en una llama de esperanza cuya temperatura no se ha tomado todavía y cuyos efectos aún no se han estimado, porque se trata de un fuego nuevo. El motivo del fuego no le puede resultar evidente a quien no esté calentado por él. La razón de estar aquí y de nuestra solidaridad aparecerá recién cuando nos hayamos metido todos juntos, sin reservas mentales, en contradicciones y posibilidades.

Hay gente religiosa que teme el socialismo, porque temen la revelación de su propia injusticia, egoísmo e inercia. Y socialistas que temen la religión porque temen el desenmascaramiento de sus propias sofisterías complacientes, los juegos pueriles y pragmáticos que han jugado con la verdad, su propia seudorreligión que es mucho más tonta y supersticiosa que las religiones espirituales que proclaman haber desbaratado.

La creencia religiosa, en su nivel más profundo, es también inevitablemente un principio de libertad. Defender la fe de uno es defender la propia libertad y, al menos implícitamente, la libertad de todos los demás. ¿Libertad de qué, y para qué? Libertad del control que no sea de algún modo inmanente y personal, un poder de amor. La creencia religiosa, en este elevado sentido, es entonces siempre una liberación del control por parte de lo que es menos que el hombre o enteramente exterior al hombre.

Quien recibe la gracia de esta clase de iluminación religiosa obtiene una libertad y una experiencia por medio de la cual nunca más quedará sujeto a las fuerzas de la naturaleza, a sus propias necesidades corporales y emocionales, a los dictados meramente humanos y externos de la sociedad, la tiranía de los dictadores. Equivale a decir que su actitud es independiente del inevitable poder ejercido sobre él, exteriormente, por las fuerzas naturales, por las vicisitudes y accidentes de la vida, por las presiones de una colectividad no siempre racional.

Debido a que la religión constituye un principio y una fuente de profunda libertad es que todos los sistemas totalitarios, ya sean desembozados o implícitos, necesariamente deben atacarla. Pero al mismo tiempo la situación es muy compleja, porque quienes atacan a la religión raramente lo hacen si no es en nombre de los mismos valores que salvaguarda la misma religión. Todos los ataques a las creencias religiosas deben ser vistos, hasta cierto punto, como juicios parciales pasados por la historia a la religión organizada.

La más pequeña falla en la fidelidad, en la libertad interior, en la integridad, en la verdad, garantiza un ataque y una crítica instantánea por parte de quienes desean destruir la religión probando que ésta no es, ni nunca ha sido, lo que proclama ser. Se ataca al culto del Absoluto en nombre de lo Absoluto. Se destruye la verdad en nombre de la verdad.

El hecho de que los ataques a la religión generalmente carecen de comprensión —y carecen de comprensión porque carecen de compasión, y carecen de compasión porque no conocen al hombre— significa que hasta el más sincero ataque a la religión siempre conlleva cierta ceguera culpable.

Sobre todo es esencial entender que el principio básico de toda libertad espiritual, de toda libertad respecto de lo que es menos que el hombre, significa antes que nada sumisión a lo que es más que el hombre. Y esta sumisión comienza con el reconocimiento de nuestra propia limitación.

Libertad de la dominación, libertad

para vivir nuestra propia vida espiritual, libertad para buscar la verdad más elevada, desembarazado de cualquier presión humana o cualquier exigencia colectiva, la capacidad para expresar nuestro propio "sí" y nuestro propio "no" y no estar meramente haciéndole eco al "sí" y al "no" del Estado, del partido, de la empresa, del ejército o del sistema. Esto es inseparable de la religión. Es una de las más profundas y fundamentales necesidades del hombre, tal vez la más profunda y crucial necesidad de la persona humana como tal: pues si no se reconoce el desafío de esta necesidad ningún hombre puede ser verdaderamente una persona y, por ende, tampoco puede ser completamente un hombre.

La frustración de tal necesidad profunda por parte de la irreligión, por parte de la seudorreligión política y secular, por parte de las místicas y supersticiones del totalitarismo, han enfermado moralmente al hombre en las mismas profundidades de su ser. Han dañado y corrompido su libertad, han rellenado su amor con podredumbre, degradándolo en odio. Han hecho del hombre una máquina montada para su autodestrucción.

La experiencia nos ha enseñado que una época en que los políticos hablan de paz es una época en que toda la gente espera la guerra: los grandes personajes del mundo no hablarían tanto de paz si no creyeran secretamente que es posible, *con una guerra más*, aniquilar a sus enemigos para siempre. Siempre, "después de una guerra más", vendrá el amanecer, la nueva era del amor: pero antes, todo el que odiamos debe

"... si quieren identificarme, no me pregunten dónde vivo, o qué me gusta comer, o cómo peino mi pelo, sino pregúntenme para qué vivo, en detalle, y pregúntenme qué creo que me mantiene viviendo plenamente las cosas que me hacen vivir."

ser eliminado. Porque el odio, como sabes, es el que engendra lo que ellos tienen por amor.

Desgraciadamente, el amor que ha de nacer del odio no nace nunca. El odio es la esterilidad; nada procrea sino la imagen de su furor vacío, su propia nada. Es imposible que del vacío nazca el amor. Este está lleno de realidad. El odio destruye el verdadero ser del hombre, puesto que hace la guerra a una ficción llamada "el enemigo". El hombre es concreto y viviente, pero "el enemigo" no es sino una abstracción subjetiva. La sociedad que mata hombres para librarse del fantasma de una ilusión paranoica, es porque está poseída por el demonio de la destrucción desde el momento en que se ha hecho incapaz de amor. Rehúsa, *a priori*, amar. No tiene por objeto las relaciones concretas del hombre con el hombre, sino sólo abstracciones concernientes a la política, la economía, la psicología y aun, a veces, la religión.

La táctica de la no violencia es una táctica de amor que busca la salvación y la redención del oponente, no su castigo, humillación y derrota. Una pretendida no violencia que busque derrotar y humillar al adversario mediante el ataque espiritual en vez del físico, es algo más que una confesión de debilidad. La verdadera no violencia es totalmente diferente de esto, y mucho más difícil. Se esfuerza por operar sin odio, sin hostilidad y sin resentimiento. Funciona sin agresión, tomando el lado bueno que es factible hallar ya presente en el adversario. Esto es fácil de decir en teoría. No es fácil en la práctica, especialmente cuando el adversario se encuentra embarcado en una defensa cruel y violenta de una injusticia que él cree justa. En consecuencia, debemos tener cuidado de cómo hablamos con nuestro oponente, y tener aún más cuidado de cómo regulamos nuestras diferencias con nuestros colaboradores. Es posible que los más crueles argumentos, los más virulentos odios, aparezcan entre quienes se supone que están trabajando juntos por la más noble de las causas. Nada mejor calculado para arruinar y desacreditar un ideal sagrado que una guerra fratricida entre "santos".

La revolución a la que me refiero surge de una profunda crisis espiritual del mundo entero, manifestada vastamente con desesperación, cinismo, violencia, conflicto, autocontradicción, ambivalencia, temor y esperanza, duda y creencia, progreso y regresión, apego obsesivo a imágenes, ídolos, slogans, programas que embotan la angustia general sólo por unos momentos hasta que estalla por doquier de un modo más agudo y terrorífico. ¡No sabemos si estamos construyendo un mundo fabulosamente maravilloso o destruyendo todo lo que teníamos, todo lo que habíamos logrado!

Hemos odiado nuestra necesidad de compasión y la hemos suprimido como una "debilidad", y nuestra crueldad aventajó en mucho a nuestro sentimiento de misericordia. ¡Nuestra humanidad se hunde bajo las olas del odio y la desesperación, y somos arrastrados por una tormenta que jamás hubiera sido tan terrible si no fuésemos capaces de tales sentimientos de culpa respecto de ella!

La mayor necesidad de nuestro tiempo consiste en limpiar la enorme masa de desechos mentales y emocionales que trastornan nuestros cerebros y hacen de toda la vida política y social una enfermedad masiva. Sin esta limpieza de la casa no podemos empezar a *ver*. Si no *vemos* no podemos pensar. La purificación debe empezar por los medios de comunicación.

El escritor que se somete para convertirse en un "ingeniero del alma" resulta un cínico cómplice de la policía secreta. Es peor que el policía, quien en definitiva cumple honestamente con su trabajo al apalear a su prisionero y extraerle una confesión. El "ingeniero del alma" simplemente dicta rutinarios y triviales testimonios del derecho de tiranía, sin costo alguno para sí y sin necesidad de hacer arte en cualquiera de sus formas. Por esto recibe ciertos privilegios y rango, junto a los otros burócratas cuyo poder e importancia se mide en sus fajas y las dimensiones de sus traseros.

El reino de la política es el reino del despilfarro. Al menos los faraones construían pirámides. Con el trabajo de centenares y miles de esclavos, ellos alzaban templos y edificaban pirámides. Quizás en cierto sentido este trabajo era un despilfarro: aún tiene sentido, y su sentido sigue siendo poderoso y elocuente, por lo menos misterioso, después de siglos. El trabajo de los esclavos era trabajo forzado, era cruel, pero era trabajo. Aún tenía cierta dimensión humana. Había algo de grandeza en él. Los esclavos vivían y veían crecer "sus" pirámides.

Nuestro siglo no es un siglo de pirámides sino de campos de exterminio, en los cuales el mismísimo hombre es total y deliberadamente despilfarrado, y el gesto sardónico, que deja a salvo el pelo, los dientes y las ropas de las víctimas, fue simplemente un modo de indicar el *despilfarro de la humanidad*.

Fue un modo de decir: "Esta gente, que ustedes piensan que son personas, que ustedes solicitan valorar como si tuvieran almas, como si fueran espirituales, éstos no son nada, menos que nada. Los detritos, las grasas y los compuestos químicos que se pueden extraer de ellos, las emplomaduras de oro de sus dientes, su piel y sus pelos, son más importantes que ellos. A nosotros, que somos tanto mejores y más humanos que ellos, nos conviene destruir todo un hombre para hacer una pantalla de lámpara con su piel. ¡El no es nada!"

Respecto a los cuervos, forman parte de un patrón diferente. Son vociferantes y autojustificadores como los seres humanos. No son dos, son muchos. Se pelean entre sí y con los otros pájaros en un estado de guerra constante. También hay una ecología mental, un equilibrio viviente de espíritus en este rincón del bosque. Hay lugar para muchas otras canciones aparte de las de los pájaros. De Vallejo por ejemplo. O la voz seca y desconcertante de Nicanor Parra, el poeta del estornudo. Aquí también está Chuang Tsé, cuyo clima es quizás el clima de esta ladera silenciosa. Un clima en el cual no hay necesidad de explicaciones. Aquí está la tranquilizante compañía de muchos Tsés y Fus silenciosos: Kung Tsé, Lao Tsé, Meng Tsé, Tu Fu y Hui Neng. Y Chao Tsé. Y los dibujos de Sengai. Y una grande y graciosa rúbrica de Suzuki.

En momentos que creo estar lúcido, me digo que en épocas como éstas uno debe ser algo por lo cual está resuelto a ser fusilado y, por lo cual, con toda probabilidad, uno va a ser fusilado. ¿Qué es esto? ¿Un principio? ¿Fe? ¿Virtud? ¿Dios? La pregunta no es fácil de responder y tal vez no tenga respuesta que pueda ser puesta en palabras. Tal vez esto ya no sea algo comunicable, ni siquiera pensable.

Hoy día, para ser ejecutado (y la muerte por ejecución no es nada infrecuente), uno no necesita haber cometido un crimen, haber expresado oposición a un tirano, ni siquiera sostener una opinión objetable. Ciertamente, la mayoría de las muertes políticas bajo regímenes tiránicos son sin motivo, arbitrarias, absurdas. Te fusilan, o te golpean hasta morir, o te matan de hambre, o te hacen trabajar hasta el agotamiento, no debido a algo que has hecho, no debido a algo que crees, no debido a algo que representas, sino arbitrariamente: tu muerte es requerida por algo o alguien indefinido.

Tu muerte es necesaria para dar un sentido aparente a un proceso político

"Cuando estoy a solas, dejo de ser un solitario."

sin sentido que nunca llegaste a comprender del todo. Tu muerte es necesaria para ejercer una influencia hipotética sobre una persona hipotética que
imaginariamente podría estar oponién-
dose a algo que puedes o no puedes saber o entender o querer o detestar.

Tu muerte es necesaria no porque te
estés oponiendo a algo, o estés a favor
de algo, sino porque simplemente la
gente debe seguir muriendo para dejar
bien aclarado que la oposición a quienes están en el poder no es práctica, ni
siquiera concebible.

Tu muerte es necesaria como una
especie de exorcismo del espectro abstracto de la oposición en las mentes de

los gobernantes cuya deshonestidad les hace saber muy bien que ellos deberían tener opositores. Dos mil años atrás, la muerte de los mártires cristianos fue no sólo una afirmación suprema de fe, sino de libertad. Por medio del martirio, los cristianos probaban que ellos habían alcanzado un grado de independencia en el cual ya no les importaba si vivían sobre la tierra, ni les era necesario salvar la vida rindiendo religioso homenaje oficial al Emperador. Estaban más allá de la vida y de la muerte. Habían alcanzado una condición en que todas las cosas eran "una" y la misma para ellos.

Barro. Abro una manta afuera, bajo el sol. Corto hierba detrás de la cabaña. Escribo en el calor de la tarde. Pronto traeré la manta de nuevo y haré la cama. El sol está muy nublado. El día declina.

Acaso llueva. Una campana suena en el monasterio. Un devoto tractor monástico gruñe en el valle. Pronto cortaré pan, comeré la cena, diré salmos, me sentaré en el cuarto de atrás mientras se pone el sol, mientras los pájaros cantan detrás de la ventana, mientras la noche desciende en el valle. De nuevo estoy rodeado de todos los Tsés y Fus (hombres sin oficio y sin obligación). Los pájaros se acercan a sus nidos. Me siento en la fresca esterilla de paja en el suelo, considerando la cama en la cual pronto dormiré solo, bajo el ícono de la Navidad... Mientras tanto, el querubín metálico del apocalipsis pasa sobre mí en las nubes, atesorando su huevo y su mensaje.

Nicolás Berdiaev señalaba que antes solíamos leer las utopías y lamentábamos que no se hubiesen hecho realidad. Ahora nos despertamos ante un problema mucho mayor: Cómo asegurarnos de que las utopías no se hagan realidad.

Los hombres que piensan bien son directores, líderes, pero no intelectuales petulantes. De ahí que se les pueda creer. Pueden justificar cualquier camino equivocado, y hacerlo aparecer como el *único* camino. Pueden justificarlo todo, hasta la destrucción del mundo.

Las palabras y los símbolos constituyen la única realidad que nuestra época respeta, aunque se ufane de estar absorbida en la técnica y el progreso. En realidad a nadie le importa el progreso, sino solamente lo que de éste se dice, qué precio puede dársele, qué ventaja política se le puede sacar. Gog (Rusia) representa el amor al poder, Magog (EE. UU.) está absorbido por el culto al dinero. Sus ídolos difieren, y aunque se miran las caras con gestos agresivos, su locura es la misma. Son en verdad las dos caras de Jano mirando hacia el interior y dividiéndose con furor crítico el envilecido santuario del hombre deshumanizado.

Si por lo menos los norteamericanos hubieran comprendido, después de siglo y medio, que los latinoamericanos realmente existen. Que son realmente hermanos. Que hablan distintas lenguas. Que poseen una cultura. Que tienen algo más que lo que tienen para vender. El dinero ha corrompido totalmente la hermandad que debía unir a los pueblos de América. Ha destruido el sentido que ya había empezado a florecer en los tiempos de Bolívar. Pero nada. La mayor parte de los norteamericanos todavía no saben, ni les importa no saberlo, que en el Brasil se habla una lengua que no es el español, que los latinos no viven todos para la siesta, ni todos ellos pasan los días y las noches tocando la guitarra y haciendo el amor.

Los estadounidenses nunca abrieron los ojos al hecho de que la América Latina es, con todo y en todo, culturalmente superior a los Estados Unidos, no sólo en el nivel de la minoría adinerada que ha absorbido mejor el refinamiento europeo, sino también en el de las desesperadamente empobrecidas culturas indígenas, que a veces hunden sus raíces en un pasado no superado hasta ahora en este continente. Así el turista bebe tequila, pensando que no le gusta y esperando la fiesta que le dijeron que espere. ¿Cómo podrá darse cuenta de que el indio que baja por la calle con la mitad de una casa cargada sobre la cabeza y una rotura en los pantalones, es Cristo? Todo lo más que el turista llega a pensar es lo raro que le parece que tantos indios lleven el nombre de Jesús.

La solidaridad de los poetas no está planeada y ligada a las convicciones políticas, puesto que éstas son fuente de prejuicio, ardides y maquinaciones. Cualesquiera que sean sus fallas, los poetas no son intrigantes. Su arte depende de una honda inocencia, que se malograría en los negocios, en la política o en cualquier otra forma organizada de la vida académica. La esperanza que reposa en cálculos ha perdido su inocencia.

Yo espero lo que venga, cualquier cosa que sea, no con resignación, sino con espíritu de aceptación y comprensión que no se puede confinar dentro de los límites del realismo pragmático. Por faltos de sentido que sean en sí mismos Gog y Magog, el cataclismo que desencadenarán está preñado de significados, circundado de luz. De la negación y el terror de Gog y Magog se derivan la certeza y la paz para todo el que lucha con éxito para liberarse de la confusión en que ellos se debaten. Lo peor que pueden hacernos será acarrearnos la muerte, y la muerte es de poca importancia. La destrucción del cuerpo no alcanza al más profundo centro de la vida.

Gandhi advertía que la democracia occidental estaba siendo *juzgada*. ¿Juzgada por qué? Juzgada por sus propias proclamas de ser el gobierno del pueblo por el pueblo. Sin darse cuenta que está en el banquillo de los acusados, dando por sentada su propia infalibilidad y perfección, la democracia occidental se ha ofendido ante cada intento de cuestionar estas cosas. La mera idea de que podría ser juzgada le ha parecido absurda, injusta, diabólica. Nuestra democracia está siendo juzgada, en este momento, no por el hombre, sino por Dios.

No está siendo simplemente juzgada por los enemigos de Occidente y de la "democracia". Cuando alguien es juzgado por Dios, recibe, en el mismo instante del juicio, un regalo de Dios. El regalo que se le ofrece, durante el enjuiciamiento, es la *verdad*. Puede recibir la verdad o rechazarla; pero en cualquiera de los dos casos se le ofrece la verdad silenciosamente, misericordiosamente, en la misma crisis por la que la democracia es puesta a prueba.

Por ejemplo, el problema de la integración racial. Cuando en esta vida uno está siendo juzgado, al mismo tiempo está recibiendo misericordia: la misericordiosa oportunidad de anticipar la decisión divina de estar recibiendo la luz de la verdad, de estar juzgándose a sí mismo, de cambiar su vida.

La democracia estuvo siempre juzgada en Berlín, en Alabama, en Hiroshima. En la Segunda Guerra Mundial. En la Primera Guerra Mundial. En la guerra de los boers. En la guerra civil estadounidense. En la guerra del opio. ¿Qué aprendimos sobre nosotros mismos? ¿Qué vimos? ¿Qué admitimos? ¿Cuál es la verdad sobre nosotros?

Tal vez aún nos quede tiempo, aún nos quede una pequeña luz para poder ver. Pero el juicio se está poniendo muy oscuro... La verdad es demasiado enorme, demasiado ominosa como para poder ser vista en el confort. Y ya es una gran misericordia de Dios el que muchos de nosotros podamos reconocer este hecho, y que todavía se nos permita expresarlo.

Toda inocencia es una cuestión de fe. No hablo ahora de un acuerdo organizado, sino de convicciones personales internas, "en el espíritu". Estas convicciones son tan fuertes e innegables como la vida misma. Están arraigadas más en la fidelidad a la vida que a sistemas artificiales. La solidaridad de los poetas es un hecho elemental como la luz solar, como las estaciones, como la lluvia. Es algo que no puede organizarse, sólo puede suceder. Sólo puede "recibirse". Es un don al que hemos de permanecer abiertos. Nadie puede planificar la salida del sol o la caída de la lluvia.

Es en el desierto de la soledad y la vaciedad que el miedo a la muerte y la

*"Es en el éxtasis del amor puro que
alcanzamos la realización plena del Primer
Mandamiento, amar a Dios de todo corazón...
En estas almas es donde se establece la paz del mundo."*

necesidad de autoafirmación se descubren como algo ilusorio. Cuando esto se ve de frente, la angustia no es necesariamente vencida, pero puede aceptarse y comprenderse. Así, en el corazón de la angustia se hallan los dones de la paz y de la comprensión: no simplemente en la iluminación y la liberación personales, sino mediante el compromiso y la afinidad, ya que el contemplativo debe asumir la angustia universal y su ineludible condición de hombre mortal. El solitario, lejos de confinarse en sí mismo, se convierte en cada hombre. Habita en la soledad, la pobreza, la indigencia de todo hombre.

Es en este sentido que el ermitaño, según Filoxenes, imita a Cristo. Pues es Cristo. Dios toma para Sí la soledad y el desamparo del hombre: todo hombre.

Desde el instante en que Cristo se fue al desierto para ser tentado, la soledad, la tentación y el hambre de cada hombre se volvieron la soledad, la tentación y el hambre de Cristo. Pero en cambio, el don de la verdad con que Cristo disipó los tres tipos de ilusión ofrecidos en su tentación (seguridad, prestigio y poder) puede convertirse en nuestra propia verdad, sólo si podemos aceptarlo. También se nos ofrece en la tentación. Dijo Filoxenes: "Ve tú al desierto sin llevar contigo nada del mundo, y contigo irá el Espíritu Santo. Mira la libertad con que Jesús se fue y vete como El. Mira dónde ha dejado las reglas del hombre; deja las reglas del mundo donde El dejó la ley y sal con El a combatir el poder del error." ¿Y dónde se encuentra el poder del error? Después de todo hallamos que no estaba en la ciudad, sino en *nosotros mismos*.

Firmando la confesión: cuando todo lo demás ha sido puesto patas para arriba, cuando todo mi ser moral ha sido destripado, aún queda un último vestigio de orden, de realidad, de claridad. Una realidad que ha sido distorsionada, pero otra no, una realidad que ha sido partida en astillas, arrebatada de mi vista, enterrada en el olvido, pero otra no. Un acto humano, normal, reconocible, factible, queda al alcance de uno. Su posibilidad me fue consistentemente presentada en tanto todo lo demás se tornó imposible, se cayó a pedazos.

Finalmente me aferro con fuerzas al aparentemente último acto sano: empuño la lapicera y firmo el papel. Se trata de algo que se acostumbra hacer en el mundo de los seres humanos al que alguna vez pertenecí. Ellos firman papeles. Ellos se afirman a sí mismos, ellos dicen que existen, que actúan. Como un animal cuando está a punto de ser abatido, que se aferra con sus dientes al garrote que lo está golpeando; no por bronca, sino simplemente como un modo de tener un último contacto con el mundo de la realidad...

Un último, hermoso acto de sacrificio por el cual yo soy incorporado a un sistema, sin saber más cómo ni por qué: el sistema quiere que yo firme. Debería haber, después de todo, una razón. "Una mentirosa palabra de consistencia que es más adecuada para la mente humana que la realidad misma." (Hannah Arendt, *Totalitarismo*).

¿Cómo resistir? Tal vez adhiriéndose con amor a algún ser humano vivo que sé que está fuera del sistema: a alguna persona que no forma parte del sistema. El amor tal vez me pueda dar fuerzas para resistir esta disolución final de mi ser moral. El amor por mi amigo... Ellos me muestran un documento que ya ha sido firmado por mi amigo.

El sufrimiento es una experiencia privada e incomunicable en la cual uno está cada vez más sujeto a la "necesidad", a la dominación de las puras necesidades naturales. Quien es torturado se ve reducido a una condición en la cual la naturaleza habla en lugar de la libertad, en lugar de la conciencia. Habla el dolor, no la persona.

La tortura es el instrumento de quienes temen la personalidad y desean autoconvencerse una y otra vez de que la personalidad en realidad no existe. Que la libertad es más débil que la necesidad natural. Que la *persona* puede ser silenciada por las exigencias de la naturaleza.

En el uso totalitario de la tortura también hay un mal especial. La persona es incitada a pelear contra el *proceso,* de un modo tal que el proceso infaliblemente gana. Desde el más íntimo santuario del individuo se extrae, por medio de la tortura, no la voz de la persona sino la voz del proceso. El torturado no hace meramente eco al proceso, sino que finalmente profiere, desde su más íntimo ser, la "confesión de fe" que testimonia la realidad del proceso y la abdicación de su propia libertad espiritual. Es un modo de decir: "Te das cuenta, tu convicción sobre tu dignidad como persona es la peor de las ilusiones. La íntima realidad en ti no es un *'sí mismo'* sino simplemente el proceso que has tratado de rechazar y resistir".

El proceso entonces es un Moloch que se alimenta de individuos. Toda persona, en última instancia, puede ser alimento para él. Toda persona debe pasar a través del fuego y salir "curada", es decir, destruida. Una no persona, un ser sin identidad. ¡Oh terapia misericordiosa! ¡No tendrá más que preocuparse por sí mismo: no hay nadie allí!

Ahora, por un procedimiento inverso, llegamos a la misma "unidad", aunque en el extremo opuesto. Todo se ha vuelto uno, todo se ha vuelto indiferente, todo se ha nivelado para igualar la insensatez. Pero no es exactamente lo mismo. No se trata de que todo es "uno", sino de que todo es "cero". Todo se suma al cero. Claro está, hasta el Estado, en última instancia, es cero. Entonces, la libertad consiste en vivir y morir por el cero. ¿Es esto lo que queremos, ser fusilados por el cero? Aunque ser fusilados por el cero no es algo que se pueda elegir. No es algo por lo que a uno se le pregunte si "quiere" o "no quiere". Ni siquiera es algo que uno pueda prever.

El cero se traga a cientos de miles de víctimas cada año, y el Estado cuida los detalles. De repente, misteriosamente, sin razón, llegó tu hora y, mientras aún estás tratando denodadamente de imaginarte en tu mente la causa por la que podrías estar muriendo, eres tragado por el cero. Tal vez, subjetivamente, has tratado de convencerte de que estás muriendo como un testigo de Dios, o de la Iglesia, o de la verdad, o de la libertad. Esperemos que te hayas concentrado en algo práctico —como es el convencerte a ti mismo— y no hayas perdido el tiempo convenciendo a los otros. Ningún otro está interesado. Lo que acabo de decir se relaciona con la ejecución por "un crimen político". Pero la muerte en una guerra es, del mismo modo, una forma de ejecución por nada, una extinción sin sentido, un ser tragado por el cero.

"Nuestro viaje real en la vida es interior;
es una cuestión de crecimiento, profundización,
y un rendirse cada vez más a la acción creativa
del amor y la gracia en nuestros corazones."

Hoy en día, las reflexiones de un Filoxenes han de buscarse menos en los tratados de los teólogos que en las meditaciones de los existencialistas y en el Teatro del Absurdo. El problema de Berenger, en el *Rinoceronte* de Eugenio Ionesco, es el problema de la persona humana desamparada y sola en lo que amenaza volverse una sociedad de monstruos. En el siglo sexto, Berenger tal vez se habría ido al desierto de Escitia, sin preocuparse demasiado porque todos sus conciudadanos, todos sus amigos y hasta su novia Margarita se han convertido en rinocerontes. Hoy el problema es que ya no quedan desiertos, solamente hay bungalows para turistas.

Cuando Berenger descubre repentinamente que es el último humano en un rebaño de rinocerontes, se mira al espejo y dice humildemente: "Después de todo, el hombre no es tan malo como parece, ¿verdad?". Pero su mundo ahora se estremece fuertemente con la estampida de sus metamorfoseados congéneres, y pronto advierte que la mismísima estampida es el más elocuente y trágico de todos los argumentos. Pues cuando considera el salir a la calle "para tratar de convencerlos", se da cuenta de que "tendría que aprender su lenguaje". Observándose en el espejo, nota que *ya no se parece a nadie*. Busca enloquecido una foto de la gente como era antes del gran cambio. Pero ahora la humanidad misma se ha vuelto increíble, así como horripilante. Ser el último humano en un rebaño de rinocerontes resulta, de hecho, ser un monstruo.

Lo que necesitamos no es una falsa paz que nos capacite para evadirnos de la luz implacable del juicio, sino la gracia de aceptar valientemente la amarga verdad que nos es revelada; abandonar nuestra inercia, nuestro egoísmo y someternos enteramente a las demandas del Espíritu, rogándole con insistencia que venga en nuestra ayuda, y entregándonos generosamente a *todo esfuerzo que nos pida Dios.*

A pesar de todos los programas formales y abstractos, el mar continúa mojado. La solidaridad no es colectivismo. Los organizadores de la vida colectiva se burlarán de la seriedad o de la realidad de nuestra esperanza. Si nos infectan con su duda, perderemos nuestra inocencia y con ella nuestra solidaridad.

¿El artista debe marchar en fila como los soldados o es libre de elegir su propio destino? Todo artista sabe, o debe saber, que cuando entra a marchar como un soldado deja de ser un creador para convertirse en un destructor. Entonces, mejor preguntar: ¿cómo puede darse cuenta el artista cuando ha entrado a marchar con la policía política, sin saberlo? La libertad es imposible sin conciencia: sin una conciencia única y personal totalmente capaz de una disensión madura. Por cierto, el artista no tiene la obligación de promulgar lecciones éticas como tampoco políticas o económicas. Habitualmente, las directivas morales se pierden cuando uno intenta transformarlas en un medio divorciado de la comunicación de fórmulas conceptuales. Pero el artista tiene la obligación moral de mantener su libertad personal y su verdad personal. Su arte y su vida son separables sólo en teoría. El artista no puede ser libre en su arte si carece de una conciencia que le haga presente cuándo actúa como un esclavo en su vida diaria. Nada debe predicar el artista —ni siquiera su propia autonomía. Su arte debe ser portavoz de su propia verdad, y al hacerlo así estará en armonía con toda clase de verdad: moral, metafísica y mística.

Me da vergüenza describir mi vida. ¿Tengo acaso una vida? Existo bajo los árboles. Me escondo en el bosque por necesidad. Soy tanto un prisionero como un evadido. No puedo decir por qué, nacido en Francia, mi viaje terminó aquí en Kentucky. He considerado ir más allá, pero no es practicable. No importa. Cuando uno comienza a envejecer —y yo comienzo a envejecer pues tengo cincuenta años— tanto el tiempo como los lugares no tienen ya el mismo significado. ¿Tengo un "día"? ¿Paso mi "día" en un "lugar"? Sé que aquí hay árboles. Sé que aquí hay pájaros. Por cierto conozco muy bien los pájaros pues hay parejas precisas de ellos (dos por cada una de las veinte especies) viviendo en la zona inmediata a mi cabaña. Comparto este lugar con ellos: formamos un equilibrio ecológico. Esta armonía le da a la idea de "lugar" una nueva configuración.

Allá afuera, las colinas en la oscuridad reposan hacia el sur. El camino de más allá de las colinas es sangre, traición, tiniebla, ira, muerte: Selma, Birmingham, Mississippi. Más cerca que éstas, una ciudad atómica, de la cual cada día un camión de materiales fisionables es llevado a ser depositado cuidadosamente al otro lado del oro en la bóveda subterránea que está en el corazón de esta nación.

Douglas Steere observa, muy perceptivamente, que existe una forma penetrante de violencia contemporánea a la cual sucumben de lo más fácilmente las luchas idealistas por la paz con métodos no violentos: el activismo y el trabajo excesivo. La prisa y la presión de la vida moderna son una forma, quizá la más común, de la violencia innata de nuestra sociedad. Permitirnos seducir por una multitud de compromisos conflictivos, rendirnos ante demasiadas exigencias, empeñarnos en demasiados proyectos, querer ayudar a todos en todo, es sucumbir a la violencia. Más aún: es cooperar con la violencia. El frenesí del activista neutraliza su tarea por la paz. Destruye su propia capacidad interior para la paz. Destruye la fertilidad de su propio trabajo porque mata la raíz de la sabiduría interior que hace crecer lo fértil.

A menudo, la vida colectiva está organizada sobre bases de intriga, duda y culpa. El arte político que crea antagonismos entre los hombres y el arte comercial que los cotiza según un precio, destruyen la verdadera solidaridad. Sobre tales medidas ilusorias construyen un mundo de valores arbitrarios, sin vida ni significado, lleno de agitación estéril. Poner un hombre contra otro, una vida contra otra, una obra contra otra, y medirlo todo en términos de costo o de privilegio económico y valor moral, es contagiar a todo el mundo con una profunda duda metafísica. Divididos y enfrentados por propósitos de valoración, los hombres adquieren inmediatamente la mentalidad de objetos en venta en un mercado de esclavos. Desesperan de sí mismos porque saben que han sido infieles a la vida y al ser, y ya no encuentran a nadie que les perdone tal infidelidad.

Pero su desesperación les condena a una infidelidad mayor: alienados de sus raíces espirituales, se las arreglan para quebrar, humillar y destruir el espíritu de los demás. En tal situación no hay alegría, sólo hay cólera. En la profundidad de su ser todo hombre se siente emponzoñado por la sospecha, el descreimiento y el odio. Cada cual experimenta su propia existencia con sentimiento de culpa y de traición, y como

"Cuando abro de una vez por todas
mi impecable campana, nadie cuestiona
mi silencio: el pájaro de la noche,
que todo lo sabe, surge volando de mi boca."

una posibilidad de muerte: nada más.

La acción social cristiana debe liberar al hombre de todas las formas de esclavitud, ya sea económica, política o psicológica. Es fácil pronunciar palabras. Cualquiera puede pronunciarlas y todos lo hacen de un modo u otro. Y hasta en nombre de la libertad es esclavizado el hombre. Se libera de una forma de esclavitud y queda atrapado en otra. Esto ocurre porque se compra la libertad con obligaciones, y las obligaciones son limitaciones. No distinguimos suficientemente la naturaleza de las limitaciones que nos imponemos para ser libres.

Si me obligo espiritualmente para ser libre, entonces estoy comprando una libertad inferior al precio de una superior, y en realidad me estoy esclavizando. (En palabras sencillas, esto se llama vender mi alma por dinero y por lo que el dinero puede comprar.) Hoy día, en verdad, existe muy poca libertad real en todas partes debido a que todos quieren sacrificar su libertad espiritual por alguna forma de libertad inferior. Se desea comprometer la integridad personal (libertad espiritual) a cambio de seguridad, o ambición, o placer, o simplemente para ser dejado en paz. La "resignación" que justifica esta clase de compromiso con los valores cristianos es uno de los cánceres que ha corroído la substancia del cristianismo.

No intento ser el ciudadano número 152.037. No acepto ser el poeta número 2.291. No me reconozco como el elemento clasificado antisocial y subversivo que probablemente soy en el archivo de un departamento en un departamento. Quizás haya sido ingerido por una máquina IBM en Washington, pero ellos no me pueden digerir. Soy indigerible: un sacerdote que no puede ser tragado, un monje notoriamente discutido, como uno de los problemas de la Iglesia contemporánea, por celosos seminaristas que usan flamantes anteojos en Roma.

Las señales han estado cambiando. Siento que Estados Unidos ha llegado a ser una gran potencia mundial precisamente en el momento en que se ha instituido un lenguaje político completamente nuevo. Y nuestros hombres de Estado no han aprendido el nuevo lenguaje. Ellos generalmente son incapaces de interpretar las señales. Tienen ojos y no ven, tienen oídos y no oyen. Lo que dicen ya no tiene realmente sentido. Se han acuñado nuevas palabras, nuevos tipos de significados, nuevos modos de hacer las cosas. Signos y símbolos oportunistas y misteriosos para la acción, diferentes de nuestro modo de acción. ¿Cuándo aprenderemos las señales?

He aquí una aseveración de Gandhi que sintetiza clara y concisamente toda la doctrina de la no violencia: *"El camino de la paz es el camino de la verdad"*. —La veracidad es aún más importante que la paz. Por cierto que *la mentira es la madre de la violencia*. Un hombre veraz no puede permanecer mucho tiempo siendo violento. En el curso de su búsqueda, advertirá que no necesita ser violento, y descubrirá además que, mientras exista en él la menor traza de violencia, fracasará en hallar la verdad que está buscando. ¿Por qué no creemos esto inmediatamente? ¿Por qué lo ponemos en duda? Simplemente porque todos somos, de algún modo, mentirosos.

La madre de todas las mentiras es la mentira que persistimos en decirnos a nosotros mismos. Y ya que no nos mentimos en forma suficientemente descarada como para creernos individualmente todas nuestras mentiras, unificamos todas nuestras mentiras y las creemos porque se han convertido en la gran mentira preferida por la *vox populi*, y ese tipo de mentira la aceptamos como verdad máxima.

Nos unimos para denunciar la vergüenza y la impostura de todas las mentiras colectivas. Si vamos a permanecer unidos ante estas falsedades, ante todo poder que envenena al hombre y lo sujeta a las mistificaciones de la burocracia, del comercio y del estado policíaco, hemos de rechazar el ser cotizados. Hemos de rehusar la clasificación académica. Hemos de rechazar las seducciones de la publicidad. No hemos de permitir que se nos enfrente unos contra otros en comparaciones místicas; en ortodoxias políticas, literarias o culturales. No tenemos que devorarnos o desmembrarnos para entretenimiento de su prensa. No tenemos que dejarnos devorar por ellos para que apacigüen su duda insaciable. No hemos de estar meramente a favor de esto y contra aquello, aunque nos hallemos *a favor* de "nosotros mismos" y *contra* "ellos". ¿Quiénes son ellos? No les demos apoyo convirtiéndonos en una "oposición" que suponga que son definitivamente reales.

Lo que es grave para los hombres es con frecuencia muy trivial a la vista de Dios. Lo que en Dios puede parecernos un "juego" es quizás lo que El toma más seriamente. De todos modos, el Señor juega y se divierte en el jardín de Su creación y, si abandonamos nuestra obsesión de lo que consideramos el significado de todo, podemos oír Su llamada y seguirle en Su misteriosa danza cósmica. No tenemos que ir muy lejos para percibir los ecos de este juego y de esa danza. Cuando estamos solos en una noche estrellada; cuando por casualidad vemos que los pájaros que emigran en otoño descienden en un bosque de enebros para descansar; cuando vemos a los niños en el momento en que son realmente niños; cuando conocemos el amor en nuestros corazones; o cuando, como el poeta japonés Basho, oímos que una vieja rana se zambulle en un estanque tranquilo, en tales ocasiones la inversión de todos los valores, la "novedad", el vacío y la pureza de visión que se hacen evidentes, nos da una vislumbre de la danza cósmica.

"Un hombre veraz no puede permanecer por mucho tiempo siendo violento." Pero un hombre violento no puede iniciar la búsqueda de la verdad. De entrada nomás, quiere haberse asegurado de que el violento es su enemigo, y que él mismo es pacífico. Pues entonces su violencia queda justificada. ¿Cómo puede enfrentar la desconsoladora tarea de entrar a reconocer el enorme mal que hay dentro de sí y que necesita ser curado? Es mucho más fácil enmendar las cosas viendo el mal de uno encarnado en un chivo emisario, y destruir el chivo y el mal juntos.

Gandhi no quiere decir que debamos aguardar volvernos no violentos por el deseo de serlo. Sino que todo aquel que se percate oscuramente de su necesidad de verdad debería buscarla por medio de la no violencia, puesto que realmente no existe otro medio. Podrán no tener un éxito total. Sus éxitos podrán ser en realidad muy escasos. Pero por una pequeña cantidad de buena voluntad comenzarán a acceder a la verdad, y por medio de ella habrá al menos una pequeña verdad en la oscuridad de un mundo violento.

Sin embargo, esta idea de Gandhi no puede ser entendida si no recordamos su optimismo básico respecto de la naturaleza humana. Creía que en las ocultas profundidades de nuestro ser, profundidades que demasiado a menudo se hallan aisladas de nuestro modo consciente e inmoral de vida, somos más verdaderamente no violentos que violentos. Creía que para nosotros, el amor es más natural que el odio. Que *"la Verdad es la ley de nuestro ser"*.

Si esto no fuese así, entonces "mentir" no sería la "madre de la violencia". La mentira introduce violencia y desorden en nuestra propia naturaleza. Nos divide contra nosotros mismos, nos aliena de nosotros mismos, nos hace enemigos de nosotros mismos y de la verdad que está en nosotros. Es de esta división que surgen el odio y la violencia. Odiamos a los otros porque no podemos soportar el desorden, la intolerable división que hay en nosotros. Somos violentos con los demás porque ya estamos divididos por la violencia interior de nuestra infidelidad a nuestra propia verdad. El odio proyecta esta división fuera de nosotros, en la sociedad.

¡Esto no difiere mucho de la doctrina tradicional de los Padres de la Iglesia sobre el pecado original! Adviértase que la doctrina del pecado original, bien entendida, es *optimista*. Ella no enseña que el hombre es malo por naturaleza, sino que en él el mal no es natural, es un desorden, un pecado. Si el mal, la mentira y el odio fuesen naturales en el hombre, todos los hombres estarían perfectamente a sus anchas, perfectamente felices en el mal. Tal vez unos pocos parecen hallarse contentos en un estado no natural de falsedad,

odio y codicia. Ellos no son felices. O si
lo son, actúan contra natura.

Permanezcamos fuera de "sus" cate-
gorías. Es en este sentido que todos
somos monjes: pues permaneceremos
inocentes e invisibles frente a sus publi-
cistas y burócratas. Ellos no pueden ima-
ginar lo que hacemos. No podrán, a
menos que nos traicionemos, y aunque
esto ocurriera, tampoco podrían. Nada
entienden salvo lo que ellos mismos han
decretado. ¿Cómo pueden fiarse de
alguien, cuando hacen que la vida misma diga mentiras? Son los hombres de
negocios, los propagandistas y los malos
políticos quienes creen devotamente en
"la magia de las palabras".

La conciencia es el alma de la libertad, sus ojos, su energía, su vida. Sin la conciencia, la libertad no sabe qué hacer. Y un ser racional que no sabe qué hacer, halla insoportable el tedio de la vida, se siente deseoso de la muerte. Así como el amor no encuentra su cumplimiento apenas en el amar ciegamente, también la libertad se malogra cuando sólo "acciona libremente", sin propósito alguno. Un acto que carece de finalidad, carece de alguna parte de la perfección de la libertad, pues la libertad es algo más que un simple asunto de elección sin objetivo. No basta afirmar la libertad para la elección de "algo": es preciso emplear y desenvolver la libertad para la elección de algo *bueno*.

Para el poeta, hay algo que no es precisamente mágico. Está sólo la vida con su

"En la raíz de toda guerra está
el miedo: no tanto el miedo
de los hombres entre uno y otro,
sino el miedo que le tienen a todo.
No es que no confíen
entre sí; no confían en sí mismos."

imprevisibilidad y toda su libertad. Toda magia es una cruel empresa de predicción y manipulación, un círculo vicioso, una profecía autoconsumada. La magia de las palabras es una impureza de lenguaje y de espíritu donde las palabras, reducidas deliberadamente a la ininteligibilidad, apelan sin compasión a la voluntad vulnerable. Riámonos y parodiemos esa magia con otras variaciones de lo ininteligible, si queremos. Pero es mejor profetizar que ridiculizar. Profetizar no es predecir, sino captar la realidad en su momento de suprema expectación y tensión hacia lo nuevo. Esta tensión se descubre no en el entusiasmo hipnótico, sino a la luz de la existencia cotidiana. La poesía es inocente de predicción, porque ella misma es la consumación de todas las predicciones importantes ocultas en la vida cotidiana.

Cuando la religión se trasforma en una simple fachada artificial para justificar un sistema social o económico —cuando presta absolutamente sus rituales y su lenguaje a la política propagandista, y cuando la oración se convierte en vehículo de un programa puramente secular— entonces la religión pasa a ser una planta opiácea. Mata el espíritu hasta tal punto que abre paso a la sustitución de la verdad de la vida por una ficción superficial y una mitología. Y eso trae consigo la alienación del creyente, de tal modo que su celo religioso se vuelve fanatismo político. Su fe en Dios, aun preservando sus fórmulas tradicionales, degenera, de hecho, en una fe en su propia nación, clase social o raza. Esta ética deja de ser la Ley de Dios y del amor, y se trasforma en la ley y el derecho de lo que conviene hacerse. El privilegio establecido lo justifica todo. Y Dios se vuelve el guardián de una situación establecida.

Los católicos norteamericanos oran, sin duda sinceramente, por la "conversión de Rusia". ¿Se trata simple de un deseo de que los rusos dejen de amenazarnos, dejen de ser diferentes a nosotros, dejen de desafiarnos, dejen de intentar superarnos? ¿Es por esto que oramos y hacemos penitencia? ¿Para que los rusos de repente puedan abrazar el mismísimo tipo de catolicismo que prevalece en Estados Unidos, junto con todas las actitudes sociales de los católicos estadounidenses, todas sus costumbres, sus clisés religiosos y hasta sus prejuicios? Esto es un sueño, y ni siquiera uno bueno. Y sin duda nos sería muy dañino que todo el resto del mundo de pronto se autoencerrara dentro de nuestras propias limitaciones. Entonces ¿quién nos objetará y nos completará?

Mientras no le reconozcamos a las demás naciones, razas y sociedades el derecho a ser diferentes de nosotros y a continuar diferentes, a tener ideas distintas y a descubrir nuevos horizontes, nuestras oraciones por su conversión carecerán de sentido. No serán ni mejor ni peor, quizás, que la idea del comunismo ruso de que algún día llegaremos a ser *exactamente como él*. Y que si no estamos preparados para ello... él nos destruirá. Porque él quiere que nosotros tengamos sus mismas actitudes, prejuicios y limitaciones. Mientras no sintamos en nuestros propios corazones los sufrimientos, los deseos, las necesidades y los temores de los rusos y de los chinos como si fueran los nuestros, a pesar de las diferencias políticas, mientras no deseemos que se resuelvan sus problemas del mismo modo que *deseamos* que se resuelvan los nuestros: hasta entonces no servirá hablar de "conversión"; es una palabra sin sentido.

Sólo los nombres cuentan para Gog y Magog, sólo las etiquetas, números, símbolos y lemas. Por sólo un nombre, una clasificación, pueden quitarte los pantalones y llevarte medio desnudo al paredón. Por sólo un nombre, una palabra, se te puede encerrar en una cámara de gas o meter en un horno para convertirte en fertilizante.

Si se desea obtener un empleo, ganarse la vida, comer en determinados restaurantes y viajar en ciertos vehículos, hay que tener la debida clasificación, la cual tal vez dependa de la forma de la nariz, el color de los ojos, el enrosque del pelo, el matiz de la piel o la posición social del abuelo. Vida o muerte dependen hoy de todo, menos de lo que *eres*. Esto es lo que llaman humanismo.

No me considero integrado a esta belicosa sociedad en que vivo, pero el problema es que esta sociedad *me* considera integrado a ella. Mi única conclusión es que he escrito demasiados libros en los que he dicho cosas que no necesitaban ser dichas por mí pues ya habían sido dichas por otros, y que de tal modo se han hecho "útiles" para aquellos con los que no puedo estar de acuerdo.

La poesía es florecimiento de las posibilidades corrientes. Es el fruto de una elección común y natural. Tal su inocencia y su dignidad. No seamos como los que desean que el árbol dé primero su fruto y luego la flor: un truco mágico y un anuncio. Estemos contentos si la flor aparece primero y la fruta después, en el momento debido. Tal es el espíritu poético. Obedezcamos a la vida, y al Espíritu de la Vida que nos llama a ser poetas, y cosecharemos muchos frutos nuevos de que el mundo tiene hambre: frutos de esperanza que nunca se habían visto. Con estos frutos apaciguaremos los resentimientos y la cólera de los hombres.

No puedo enorgullecerme de una libertad especial, simplemente por vivir en el bosque. Se me acusa de vivir en el bosque como Thoreau, en lugar de vivir

"El Dalai Lama es fuerte y está alerta, es más corpulento de lo que suponía... muy sólido, energético, generoso y cálido... Es un pensador muy consecuente y se mueve paso a paso. Sus ideas sobre la vida interior reposan sobre cimientos muy sólidos."

en el desierto como san Juan Bautista. Todo lo que puedo responder es que no estoy viviendo como nadie sino como yo mismo, y ni aun hacer esto lo encuentro fácil. Para mí es una necesidad obligatoria ser libre para responder a la necesidad de mi propio ser. No puedo remediar ser un extra. ¿Puede ser efectiva la elección?

Vivo en el bosque, por necesidad. Todas las otras formas de vida no tienen ningún interés para mí. Para mí es necesario vivir aquí solo, sin una mujer. He decidido por lo tanto, casarme con el silencio del bosque. El dulce y oscuro calor del mundo entero puede ser mi mujer. Del corazón de ese calor oscuro viene el secreto que sólo se oye en silencio, pero es la raíz de todos los secretos que susurran todos los amantes en sus camas en todo el mundo. Así tenga quizás una obligación de preservar la calma, el silencio, la pobreza, el punto virginal de la nada pura que están en el centro de todos los otros amores. Cultivo esta planta, sin comentarios, en medio de la noche y la riego con salmos y profecías, en silencio. Se convierte en el más raro de todos los árboles del jardín, de una vez el árbol primordial del paraíso, el *axis mundi,* el eje cósmico y la Cruz. *Nulla silva talem profert.* Sólo hay un árbol así. No puede multiplicarse. No es interesante.

Estemos orgullosos de no ser brujos, sino hombres comunes. Estemos orgullosos de no ser expertos en algo. Estemos orgullosos de las palabras que se nos dan para nada; no para adoctrinar, no para refutar, no para demostrar que alguien sea absurdo, sino para señalar —más allá de todos los objetos— el silencio donde nada puede decirse.

Sin la contemplación y la oración interna, la Iglesia no puede cumplir su misión de transformar y salvar al hombre. Sin la contemplación, será reducida a ser servidora de los poderes cínicos y mundanos, por mucho que proclamen sus fieles de que están trabajando por el Reino de Dios.

La contemplación sola no construye un nuevo mundo. La contemplación sola no da de comer al hambriento, no viste al desnudo, no educa al ignorante ni devuelve al desdichado pecador a la paz, la verdad y la unión con su Dios.

Pero, sin contemplación no tenemos la perspectiva para ver lo que hacemos en nuestro apostolado. Sin contemplación no podemos comprender el íntimo significado del mundo en el cual tenemos que actuar. Sin contemplación, permanecemos pequeños, limitados, divididos, parciales: nos aferramos a lo insuficiente, permanecemos unidos a nuestro limitado grupo y a sus intereses, perdemos de vista la justicia y la caridad universales, nos dejamos llevar por las pasiones de facción y, finalmente, traicionamos a Cristo.

Sin contemplación, sin la íntima, silenciosa, secreta búsqueda de la verdad mediante el amor, nuestra acción se pierde en el mundo y se hace peligrosa. Más aún, si nuestra contemplación es fanática y falsa, nuestro accionar será tanto más peligroso. No debemos perdernos con el fin de ganar el mundo, debemos sumirnos en las profundidades de nuestra humildad con el fin de hallar a Cristo en todas partes y amarle en todas las criaturas: de lo contrario, le traicionaremos, al no verle en aquellos a quienes dañamos inconscientemente mientras le rezamos en nuestra "inocencia".

¿Cuándo caerán las bombas? ¿Alguien podrá decirlo? Tal vez Gog y Magog tengan aún que llevar a la perfección sus respectivas políticas y armamentos. Es posible que quieran hacer una operación nítida y magistral, lanzando bombas "limpias", sin lluvia atómica. La expresión es tan clínica, que suena a sentimiento humanitario. Como si se tratara de una delicada, casi exqui-

sita obra de cirugía. Rápida, feliz, asép-
tica. Tal era, desde luego, el ideal de los
nazis que dirigían los campos de exterminio hace veinte años: pero ellos, por
supuesto, no estaban tan adelantados
como nosotros. Por más que se entrega-
ran con la dedicación debida a una tarea repulsiva, ésta no se podía llevar a
cabo bajo perfectas condiciones clíni-
cas. Lo hacían, sin embargo, lo mejor
que podían.

Gog y Magog llevarán el asunto al
máximo refinamiento. Oigo decir que ya
están trabajando en una bomba que no
va a destruir nada más que la vida. Los
hombres, los animales, las aves, tal vez
también la vegetación. No dañará los
edificios, las fábricas, los ferrocarriles ni
los recursos naturales. Un paso más y el
arma habrá llegado a la perfección abso-

luta. Deberá destruir los libros y las obras de arte, los instrumentos musicales y los juguetes, las herramientas, los jardines, dejando intactas las banderas, los armamentos, las horcas, las sillas eléctricas, las cámaras de gas, todos los instrumentos de tortura y una gran cantidad de camisas de fuerza para los alienados. Entonces, podrá, por fin, iniciarse la era del amor. El humanismo ateo podrá ya establecer su dominio.

Creo en la muy seria posibilidad de que cualquier mañana, Gog y Magog se encuentren al despertar con que se han reducido a cenizas y volado por los aires y barrido del mapa durante la noche, y que ya nada queda sino tan sólo el espasmódico funcionamiento de los dispositivos automáticos, aún en los estertores de lo que se ha llamado "la revancha post mortem". Es muy probable que tal acción superrogatoria afecte a los neutrales que se las hayan arreglado para eludir el evento principal, pero, con todo, parece posible que el hemisferio austral logre, penosamente, volver en sí, para encontrarse solo, en un mundo más reducido, casi vacío, mucho más radiactivo, aunque todavía habitable.

En esta nueva situación es concebible que Indonesia, América Latina, Africa del Sur y Australia queden como herederas de las oportunidades y objetivos que Gog y Magog dejaron pasar con tan negligente abandono. Al sur de la línea ecuatorial no hay otro territorio de mayor extensión, riqueza y desarrollo que Sudamérica. La mayoría de los blancos de Africa del Sur probablemente desaparecería. Pero tal vez un residuo europeo podría sobrevivir en Australia y Nueva Zelanda. Con algo de optimismo se podría esperar la supervivencia parcial de la India y de una parte al menos de la población musulmana del norte y centro de Africa.

Si esto ocurriera, sería un acontecimiento de extraordinaria significación espiritual. Significaría que las culturas más cerebrales y mecanicistas, las cada vez más entregadas a vivir de abstracciones y más y más aisladas del mundo natural por la racionalización, serían sustituidas precisamente por aquellas porciones de la raza humana a las que oprimían y explotaban sin el menor aprecio o comprensión de lo que en ellas hay de humano.

Lo distintivo de esas razas es un sentido de la vida completamente distinto, una perspectiva espiritual no abstracta sino concreta, hierática y no pragmática, más intuitiva y afectiva que racionalista y agresiva. Las vertientes más hondas de la vitalidad en esas razas han sido selladas por el Conquistador y el Colonizador, cuando no envenenadas por él. Levantando la piedra de la fuente, tal vez las aguas se purifiquen con nueva vida y recuperen su virtud creadora y fructificante. Ni Gog ni Magog pueden hacerlo por ellas.

No soy profeta, ni nadie lo es, puesto que ya hemos aprendido a ir pasándola sin profetas. Pero debo decir que si Gog y Magog se destruyen mutuamente, como parecen ansiosos de hacerlo, sería una lástima inmensa que los sobrevivientes del "Tercer Mundo" intentaran reproducir el horror, la insanía y la enajenación colectiva del anterior, y así volvieran a edificar otro mundo corrupto para que sea destruido a su vez por otra guerra. Al tercer mundo yo le diría que hay ciertamente una lección que aprender de la actual situación, una lección de la mayor urgencia: sean muy distintos de los gigantes Gog y Magog. Miren lo que ellos hacen, y actúen de otra manera. Examinen sus declaraciones oficiales, sus ideologías, y hallarán que son huecas. Observen su conducta: su fanfarronería, su violencia, sus melosidades, su hipocresía: por sus frutos los conoceréis.

Con todas sus jactancias se han convertido en víctimas de su propio terror, que no es sino el vacío de sus corazones.

"Existo bajo los árboles. Camino por los bosques, sin necesidad. Soy a la vez un prisionero y un fugitivo... Comparto este sitio particular con los pájaros: formamos un equilibrio ecológico."

Aparentan ser humanistas, presumen de conocer y de amar al hombre. Existen precisamente para liberar al hombre, dicen ellos. Pero ni siquiera saben lo que es el hombre. Ellos mismos son ahora menos humanos que lo que fueron sus padres, menos articulados, menos sensibles, menos profundos, menos capaces de genuino interés en el hombre. Están en vías de convertirse en gigantescos insectos. Sus sociedades van transformándose en hormigueros, sin propósito ni significado, sin alegría y sin espíritu.

He verificado que el peligro de la educación es que confunde con demasiada facilidad los medios con los fines. Y más todavía: olvida fácilmente ambas cosas y se dedica simplemente a la producción masiva de graduados que no han sido educados, gente literalmente sin preparación, inútiles para cualquier cosa excepto para ser parte de una complicada charada, absolutamente artificial, que ellos y sus contemporáneos han conspirado para llamarla "vida".

Lo que más me gustaba de Columbia era el sentido de que la Universidad se sentía satisfecha, en su totalidad, de dejarme suelto en su biblioteca, en sus aulas, en medio de sus facultades más distinguidas, permitiéndome hacer lo que quisiera con todo aquello. Y así lo hice. Finalmente acabé como una máquina de sumar millones, tratando de calificar con Blake, Tomás de Aquino, San Agustín, Eckhart, Coomaraswany, Traherne, Hopkins, Maritain y los sacramentos de la Iglesia católica. Después de todo eso me fui al monasterio donde (ello es de conocimiento público) continué siendo el mismo inconformista y, de hecho, terminé como ermitaño, identificado plenamente con el movimiento en pro de la paz, con el zen, con un grupo de poetas latinoamericanos hippies, etc.

Creemos que nuestro futuro estará hecho por el amor y la esperanza, no por la violencia y el cálculo. El Espíritu de Vida que nos ha reunido en el espacio o sólo por coincidencia, hará de nuestro encuentro una epifanía de certidumbres que no podríamos conocer en el aislamiento.

En el calor del mediodía regreso al bosque con la botella de agua fresca llena, a través del campo de maíz, pasando por el granero bajo los robles, subiendo la colina, bajo los pinos hacia la cabaña caliente. Las alondras se levantan de la larga hierba, cantando. Un abejorro zumba bajo el amplio y sombreado alero. Me siento en el fresco cuarto de atrás, donde cesan de resonar las palabras, donde todos los significados son absorbidos en la *consonantia* del calor, pino fragante, viento tranquilo, canción de pájaro y una nota tonal central que es inaudible e impronunciable. Esta ya no es hora de obligaciones. En el silencio de la tarde todo está presente y todo es inescrutable en esa nota tonal central; cualquier otro sonido asciende o desciende, cualquier otro significado aspira para poder encontrar su verdadera realización. Preguntarse cuándo sonará la nota es perder la tarde: ya ha sonado, y todas las cosas zumban ahora con la resonancia de un sonido.

No somos persuasores. Somos los hijos de lo Desconocido. Somos los ministros del silencio necesario para curar a todas las víctimas del absurdo que yacen agonizando de alegría artificial. Reconozcamos entonces quiénes somos: derviches locos con secreto amor terapéutico, amor que no puede comprarse ni venderse y que los políticos temen más que la revolución violenta, pues la violencia no cambia nada, y el amor lo cambia todo. Somos más poderosos que la Bomba. Entonces, digamos "sí" a nuestra nobleza, abrazando la inseguridad y el abatimiento que una vida de derviches impone.

¡Ojalá los que lean este libro y yo

que lo he escrito quedemos unidos en este ideal y en esta lucha! Trabajamos juntos como americanos y cristianos, como hermanos y constructores. Yo con mis oraciones y con mis libros, ustedes con su trabajo y sus oraciones. Separados, estamos incompletos. Juntos somos fuertes con la fortaleza de Dios. ¡Oh, hermanos míos del sur! Me alegro de que este libro nos haya reunido en Cristo; pero el libro no era necesario: ya somos uno en nuestro amor a la verdad, nuestra pasión por la libertad y nuestra adoración del Dios Vivo.

Una cosa sé: que en mi destino de ser al mismo tiempo un contemplativo, un cristiano y un americano, no puedo satisfacer las exigencias de mi vocación con nada parcial y provinciano. No puedo ser un "norteamericano", que sólo conoce los ríos, las llanuras, las montañas y las ciudades del norte, donde ya no hay indios, donde la tierra fue colonizada y cultivada por puritanos, donde, entre el esplendor audaz y sarcástico de los rascacielos, se ve raramente la Cruz, y donde la Santa Virgen, cuando se la representa, es pálida y melancólica, y no lleva al Niño en los brazos. Esta parte norte es grande, poderosa, rica, inteligente; también tiene su calor propio, una humildad sorprendente, una bondad, una pureza interior que el extraño no conoce. Pero es incompleta. No es siquiera la parte mayor y más rica del hemisferio. Es quizás, en este momento, la región más importante del mundo, pero, sin embargo, no puede bastarse a sí misma y carece de raíces profundas. Carece de las profundas raíces de la antigua América, de la América de México y de los Andes, donde el Asia silenciosa y contemplativa vino, hace milenios, para construir sus ciudades hieráticas. Carece del fervor y la fecundidad intensa del Brasil, que es también Africa, que palpita con la música y la simplicidad de Africa, sonríe con la sonrisa del Congo y ríe con la inocencia infantil de Portugal. La mitad norte de este Nuevo Mundo carece de la fuerza, el refinamiento y el prodigio de la Argentina, con todo el lirismo de su alma atormentada y generosa.

La alternancia entre la oscuridad y la fe constituye una especie de diálogo entre el cristiano y Dios, una dialéctica que nos lleva hacia profundidades cada vez mayores en nuestra convicción de que Dios es nuestro todo. Por esas alternancias crecemos en el desapego de nosotros mismos y en la esperanza. Debemos darnos cuenta del gran bien que podemos conseguir solamente por esta fidelidad a la meditación. Un nuevo reino se abre ante nosotros, que no puede descubrirse de otra manera. Llámenlo el "reino de Dios". Hay que hacer todo esfuerzo y sacrificio para entrar en ese reino. Tales sacrificios son ampliamente recompensados por sus resultados, incluso cuando éstos no nos son claros, mucho menos evidentes. Pero se necesita un esfuerzo *iluminado bien dirigido y apoyado.*

El mundo y el tiempo son la danza del Señor en el vacío. El silencio de las esferas es la música de un festín de bodas. Cuanto más persistimos en entender mal los fenómenos de la vida, cuanto más les consignamos extrañas finalidades y complejos fines humanos, más nos enredamos en tristeza, absurdo y desesperación. Pero eso no importa mucho, porque nuestra desesperación no puede alterar la realidad de las cosas ni manchar la alegría de la danza cósmica que está siempre allí. En realidad, estamos en el centro de ella y la danza está en medio de nosotros, pues palpita en nuestras venas, queramos o no. Sin embargo, queda el hecho de que estamos invitados a olvidarnos adrede de nosotros mismos, a arrojar a los vientos nuestra horrible solemnidad y a unirnos a la danza general.

No intento pertenecer al mundo de los formales que están constituidos por la abdicación de la elección, o por la elección fraudulenta (el grito de la masa en la plaza pública, o la aprobación de la mueca televisada).

La sociedad merece absolutamente que el artista se libere de sus coercitivas y seductoras presiones. Sólo entonces podrá tener el artista algo de valor para decir a su prójimo. Está obligado con su prójimo en concreto, más que con la sociedad en abstracto. Entonces, su arte se convierte accidentalmente en un trabajo de amor y de justicia. Pero el artista haría mejor en no importarse demasiado de la "sociedad" en abstracto. Este no es un principio universal. Se aplica más a nuestro tiempo, cuando la "sociedad" está en completa decadencia. Es teóricamente concebible que el artista pueda integrarse alguna vez completamente a una sociedad sana y civilizada.

No se construirá un Nuevo Mundo entre nosotros mediante la deformación rusa de la dialéctica marxista. No se construirá un Nuevo Mundo mediante las pasiones del militarismo fascista. No se construirá ningún Nuevo Mundo mediante la magia engañosa de la tecnología imperialista. En cuanto a la diplomacia del dólar, hay poca esperanza de que origine algo más que decepciones y confusión para todos.

El hemisferio occidental es enormemente rico, más rico quizás que todo el resto del mundo, y sus riquezas pertenecen a los que viven en él; pero la mera explotación de estas riquezas y su justa distribución no resolverán nuestro problema. Por encima de todo, está el problema de la compresión y del amor, el problema de la unidad, el problema del hombre. Esto es lo más importante de todo, pues el hombre es la imagen de Dios, y cuando está plenamente unido dentro de sí mismo con sus hermanos y con su Dios, entonces el Reino de Dios ha venido y se manifiesta en la tierra para que todos lo vean. Pero esto no puede lograrse jamás, excepto en Cristo, y mediante el poder de Su Cruz y la victoria de Su Resurrección.

En la *República*, de Platón, no había sitio para los poetas y los músicos, mucho menos para los derviches y los monjes. Los Platones tecnológicos que ahora creen regir el mundo en que vivimos, imaginan que pueden seducirnos con banalidades y abstracciones. Pero podemos eludirlos simplemente metiéndonos en el río heracliteano, al que nunca se lo cruza dos veces. Cuando el poeta hunde sus pies en ese río siempre móvil, la poesía emerge de sus aguas relucientes. En ese instante único, la verdad se

manifiesta a todos los que son capaces
de recibirla. Nadie puede llegar al río
sobre otros pies que no sean los suyos.
No puede llegar en vehículos. Nadie
puede sumergirse vistiendo la túnica de
la ideas públicas y colectivas. Debe
sentir el agua en su piel. Debe saber
que el contacto es solamente para las
mentes abiertas y para los inocentes.
Vamos, derviches: aquí está el agua de
la vida. Dancemos en ella.

El fruto de mis labores no es mío, porque sólo estoy preparando el camino
para las realizaciones de otros. Ni mis
fracasos son míos: pueden provenir del
fracaso de otros, pero también son com-
pensados por los logros de otros. En consecuencia, el significado de mi vida no
debe buscarse solamente en la suma total
de mis realizaciones. Unicamente puede

verse en la integración total de mis éxitos y fracasos, junto con los éxitos y los fracasos de mi generación, mi sociedad o mi época. Puede verse, sobre todo, en mi integración con el misterio de Cristo.

Si te diriges a la soledad con lengua silenciosa, el silencio de los seres mudos compartirá contigo su reposo. Pero si vas hacia la soledad con el corazón silencioso, el silencio de la Creación te hablará más alto que las lenguas de los hombres y de los ángeles.

ÍNDICE

EL LEGADO DE THOMAS MERTON 3
PAZ PERSONAL, PAZ SOCIAL 17
La lluvia es un festival 19
Terminar la guerra 21
El tiempo cuantitativo y el cualitativo 23
Una máquina descompuesta 25
Un mundo pacífico 27
Purificar la propia fe 31
Vencer la desesperación 33
Monopolio de la verdad 35
El adversario y la verdad 37
Orgullo cerebral de Occidente 41
Dos milenios sin guerras 43
Dios habla en el hombre 45
Voces del bosque 47
La verdadera libertad 49
El motivo de un poema 51
Ataques a la religión 53
La libertad, inseparable de la religión 57
Una táctica de amor 61
Necesidad de compasión 63
Reino del despilfarro 65
Una ecología mental 67
Las muertes políticas 69
La muerte es necesaria 71
La vida cotidiana 73
Dos caras de Jano 75
Indios llamados Jesús 77
Juzgado por Dios 79
Una pequeña luz 81

Índice

El poder del error... 85

Fuera de sistema 87

Torturas y procesos 89

Extinción sin sentido 91

El rebaño de rinocerontes 95

Sin conciencia, la libertad es imposible.............. 97

Me escondo en el bosque 99

La violencia contemporánea................................101

No me pueden digerir...105

La doctrina de la no violencia 107

Rechacemos ser cotizados 109

Vislumbrar la danza cósmica................................111

Un mundo violento 113

Todos somos monjes...115

Cuando la religión es manipulada 119

Nuevos horizontes 121

Esta belicosa sociedad 123

Raíz de todos los secretos....................................127

La contemplación 129

Una bomba perfecta 131

Una posibilidad futura 133

Las nuevas razas 135

Máquina de sumar millones.................................139

La nota tonal...141

Norte y Sur del Nuevo Mundo..............................143

El mundo entero 145

La danza cósmica 147

Un Nuevo Mundo 149

Dancemos con el agua de la vida.........................151

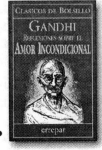

Clásicos de Bolsillo

- Así LO VEO YO
  de **Albert Einstein**
- CUERPO, PUEBLO, ESPÍRITU
  de **Walt Whitman**
- EL ESPÍRITU DE LA NATURALEZA
  de **Ralph Emerson**
- CARTAS A UN JOVEN POETA
  de **Rainer María Rilke**
- LEYENDAS DE AMOR Y VIRTUD
  de **San Francisco de Asís**
- SIN TAPUJOS
  de **Oscar Wilde**

Clásicos de Bolsillo

- **LUNAS, PENAS Y GITANOS**
  de *Federico García Lorca*
- **EL ORIGEN DE LAS ESPECIES**
  de *Charles Darwin*
- **IDEAS FUERTES**
  de *Friedrich Nietzsche*
- **LAS CUATRO NOBLES VERDADES**
  de *Buda*
- **IRONÍAS Y VERDADES**
  de *George Bernard Shaw*
- **WALDEN, LA VIDA EN LOS BOSQUES**
  de *Henry David Thoreau*

Clásicos de Bolsillo

- **EL TAO PARA TODOS**
  de *Lao Tse*
- **EL PODER DE LA COMPASIÓN**
  del *Dalai Lama*
- **EL ESCARABAJO DE ORO**
  de *Edgar Allan Poe*
- **EL PRÍNCIPE**
  de *Nicolás Maquiavelo*
- **CUENTOS TRADICIONALES**
  de los *Hermanos Grimm*
- **LOS MEJORES POEMAS DE AMOR**
  de *Neruda, Benedetti y otros*